كنز القراصنة

سنّ الفيل، حرج تابت، بناية فورِست
ص. ب. 0656-11، رياض الصلح، 2050 1107 بيروت، لبنان
info@hachette-antoine.com

اقتباس تصميم الغلاف: ألزا مهنّا
اقتباس التصميم: ماري تريز مرعب
الرسوم: © Philippe Masson pour Bayard Editions, 2002
طباعة: المطبعة العربية، لبنان

ر.د.م.ك.: 978-9953-26-545-2

Original Title:
(#4) Pirates Past Noon
Text copyright © 1994 by Mary Pope Osborne
This translation published by arrangement with Random House Children's Books, a division of Random House, Inc.

العرزال السحري

كنز القراصنة

ماري پووپ أوزبورن

نقلها من الإنكليزيّة: غسّان غصن

الرسوم: فيليب ماسون

هاشيت
أنطوان .A
أطفال

مُلَخَّصُ القِصَّةِ الثالِثَة

بَعْدَ مُغامَراتِ الصَّغيرَيْنِ في أَيَّامِ الدَّيْناصوراتِ وَالفُرْسانِ، اكْتَشَفا مِصْرَ القَديمَة. دَخَلا إِلى قَلْبِ هَرَمٍ كَبيرٍ، يُرْشِدُهُما قِطٌّ أَسْوَد. وَهُناكَ، يُساعِدانِ شَبَحَ المَلِكَةِ هوتاپي عَلى إيجادِ المَخْطوطَةِ الَّتي سَتُساعِدُها عَلى الذَّهابِ إِلى الحَياةِ الآخِرَة.

بَعْدَ العَوْدَةِ إِلى العِرْزالِ السِّحْرِيِّ، تَعْثُرُ عُلا عَلى مُؤَشِّرٍ جَديدٍ (بَعْدَ الميدالِيَةِ وَعَلامَةِ الكِتابِ)، هُوَ: حَرْفُ «ميمٍ» كَبيرٌ مَرْسومٌ عَلى الأَرْضِ الخَشَبِيَّة.

1

فاتَ الأَوان!

نَظَرَ شادي مِنْ غُرْفَةِ نَوْمِهِ إِلى الخارِج. لَمْ يَتوَقَّفِ المَطَرُ مُنْذُ فَتْرَةٍ طَويلَة!

قالَتْ أُخْتُهُ، البالِغَةُ مِنَ العُمْرِ سَبْعَ سَنَواتٍ: «سَمِعْتُ في الأَخْبارِ أَنَّ المَطَرَ سَيَتَوَقَّفُ عِنْدَ الظُّهْر.»

– لكِنَّ الوَقْتَ الآنَ تَخَطَّى الثَّانِيَةَ عَشَرَةَ ظُهْرًا!

فَقالَتْ عُلا: «إِنْ تَوَقَّفَ المَطَرُ أَوْ لَمْ يَتَوَقَّفْ، يَجِبُ أَنْ نَذْهَبَ إِلى العِرْزال. لَدَيَّ شُعورٌ قَوِيٌّ بِأَنَّ الميمَ سَيَكونُ هُناكَ هذا اليَوْم!»

أَعادَ شادي نَظَّارَتَهُ إِلى مَكانِها، وَتَنَفَّسَ تَنَفُّسًا عَميقًا. لَمْ يَكُنْ مُتَأَكِّدًا بَعْدُ مِن أَنَّهُ مُسْتَعِدٌّ لِلِقاءِ ذلِكَ الشَّخْصِ، «م»... الَّذي وَضَعَ كُلَّ تِلْكَ الكُتُبِ في العِرْزال.

– هَيَّا بِنا.

تَنَهَّدَ شادي، وَقالَ: «حَسَنًا. اِحْضِري جَزْمَتَيْنا وَمِمْطَرَيْنا، وَأَنا أُحْضِرُ الميدالِيَةَ وَعَلامَةَ الكِتاب».

– وَما هُوَ المِمْطَرُ، يا مُتَفَلْسِف؟

ابْتَسَمَ شادي، وَقالَ مُتَفاخِرًا: «إِنَّهُ المَعْطَفُ الواقي مِنَ المَطَرِ الَّذي نُسَمِّيهِ المُشَمَّعَ، يا جاهِلَة!»

رَكَضَتْ عُلا لإِحْضارِ العُدَّةِ الواقِيَةِ مِنَ المَطَر. وَذَهَبَ شادي إِلى دُرْجِهِ، وَأَخْرَجَ مِنْهُ الميدالِيَة.

ميدالِيَةٌ ذَهَبِيَّةٌ، حُفِرَ عَلَيْها حَرْفُ «م».

ثُمَّ أَخْرَجَ عَلامَةَ الكِتاب. عَلامَةٌ مَصْنوعَةٌ مِنَ الجِلْدِ الأَزْرَقِ، عَلَيْها حَرْفُ الميمِ نَفْسُه.

شَكْلُ الحَرْفَيْنِ شَبيهٌ تَمامًا بِشَكْلِ حَرْفِ الميم الَّذي رَآهُ في أَرْضِيَّةِ العِرْزال.

وَضَعَ شادي الميدالِيَةَ وَعَلامَةَ الكِتابِ في حَقيبَةِ ظَهْرِه.
ثُمَّ وَضَعَ دَفْتَرَهُ وَقَلَمَهُ، لِأَنَّهُ يُحِبُّ تَدْوينَ مُلاحَظاتٍ عَنْ أُمورٍ هامَّة.

نادَتْهُ عُلا، قائِلَةً: «لَقَدْ أَحْضَرْتُ ما يَلْزَمُ لِلْمَطَر.»

حَمَلَ شادي حَقيبَتَهُ، وَنَزَلَ عَلى الدَّرَج.

كانَتْ أُخْتُهُ تَنْتَظِرُهُ قُرْبَ البابِ الخَلْفِيِّ، مُرْتَدِيَةً **مِمْطَرَها** وَجَزْمَتَها.

– سَأَنْتَظِرُكَ في الخارِج.

لَبِسَ شادي جَزْمَتَهُ، ثُمَّ ارْتَدى مُشَمَّعَهُ... وَعَلَّقَ حَقيبَةَ ظَهْرِهِ عَلى كَتِفَيْه. وَلَحِقَ بِأُخْتِه.

كانَتِ الرِّيحُ تَهُبُّ بِقُوَّةٍ، وَمِياهُ المَطَرِ مُنْهَمِرَة.

صاحَتْ بِهِ عُلا، مِثْلَما يُقالُ لِلْمُتَسابِقينَ: «جاهِز! مُسْتَعِدّ! اِنْطَلِق!»

اِنْطَلَقا في ذلِكَ الجَوِّ الماطِرِ، وَهُما يَحْنِيانِ رَأْسَيْهِما لِلْوِقايَةِ مِنَ العاصِفَة.

وَصَلا إِلى الغابَةِ بَعْدَ بِضْعِ دَقائِقَ، في مُواجَهَةِ الرِّيحِ وَالمَطَر.

– يَخْ!

أَسْقَطَتِ الأَغْصانُ المُهْتَزَّةُ كَمِّيَّاتٍ كَبيرَةً مِنَ الماءِ عَلَيْهِما.

شَقَّا طَريقَهُما في بِرَكٍ عَديدَةٍ مِنَ الماءِ، غَيْرَ مُهْتَمَّيْنِ بِالهَواءِ القَوِيِّ وَالمَطَرِ المُنْهَمِر.

أَخيرًا، وَصَلا إِلى أَعْلى شَجَرَةِ سِنْدِيانٍ في الغابَة.

رَفَعا رَأْسَيْهِما، فَشاهَدا العِرْزال.

كانَ في مَكانِهِ، مَبْنِيًّا بَيْنَ أَعْلى غُصْنَيْن. لِكِنَّهُ بَدا مُعْتِمًا وَحَزينًا... في ذلِكَ الجَوِّ العاصِف.

وَمِنَ العِرْزالِ، يَتَدَلَّى سُلَّمٌ مِنَ الحِبالِ... تُحَرِّكُهُ الرِّيحُ بِقُوَّةٍ مِنْ مَكانٍ إِلى آخَر.

فَكَّرَ شادي في كُلِّ تِلْكَ الكُتُبِ، المَوْجودَةِ في العِرْزال.

وَتَمَنَّى أَنَّ المَطَرَ لَمْ يُتْلِفْها... أَوْ يُدَمِّرْها!

قالَتْ عُلا: «لا شَكَّ في أَنَّ هذا الشَّخْصَ «م» كانَ هُنا!»

اِسْتَعادَ شادي أَنْفاسَهُ، وَقالَ: «كَيْفَ تَعْرِفينَ ذلِك؟»

فَقالَتْ عُلا: «هذا هُوَ شُعوري.»

ثُمَّ أَمْسَكَتْ بِسُلَّمِ الحِبالِ، وَبَدَأَتْ تَصْعَد. وَهكَذا فَعَلَ شادي.

في داخِلِ العِرْزالِ، كانَ الجَوُّ بارِدًا وَرَطِبًا. لكِنَّ الكُتُبَ كانَتْ... ناشِفَةً! كانَتْ كُلُّها مُرَتَّبَةً جَيِّدًا قُرْبَ الجِدارِ، مِثْلَما رَتَّباها في اليَوْمِ السّابِق.

كُتُبٌ عَنِ الدَّيْناصوراتِ[1] وَ القِلاعِ[2] وَمِصْرَ القَديمَة[3].

– وهَذا هُوَ الكِتابُ عَنْ بِلادِنا.

قَلَّبَتْ عُلا صَفحاتِ الكِتابِ، إِلى أَنْ وَصَلَتْ إِلى الصَّفْحَةِ الَّتي فيها صورَةُ بَلْدَتِهِما الشَّجْراء.

مَرَّةً أُخْرى، ابْتَسَمَ شادي بِارْتِياح. فَالكِتابُ عَنْ بِلادِهِما هُوَ الَّذي أَعادَهُما إِلى بَيْتِهِما سالِمَيْنِ... في نِهايَةِ كُلٍّ مِنْ مُغامَراتِهِما الثَّلاثِ الماضِيَة.

تَنَهَّدَ شادي وَقال: «عَظيم! وَلكِنْ...!»

لا يَزالُ لَدَيْهِ سُؤالانِ هامّانِ جِدًّا. مَنْ هُوَ ذلِكَ الشَّخْصُ، «ميمْ»، الَّذي وَضَعَ كُلَّ هذِهِ الكُتُبِ هُنا؟ وَهَلْ كانَ الفارِسُ، وَالتِّيرانودونُ، وَالقِطُّ يَعْرِفونَ هذا الـ... «ميم»؟

أَخيرًا، أَخْرَجَ شادي مِنْ حَقيبَتِهِ الميدالِيَةَ وَعَلامَةَ الكِتاب.

1 اقرأ القصّة الأولى: وادي الدَّيْناصورات

2 اقرأ القصّة الثانية: الفارِسُ الغامِض

3 اقرأ القصّة الثالثة: لُغزُ الموميِاء

وَوَضَعَهُما عَلى الأَرْضِ... فَوْقَ النُّقْطَةِ الَّتي لَمَعَ فيها حَرْفُ الميمِ في الخَشَبِ.

لَمْ يَتَوَقَّفِ المَطَرُ، وَلَمْ يَتَوَقَّفِ الهَواءُ القَوِيُّ عَنْ نَفْخِ المِياهِ إِلى داخِلِ العِرْزالِ.

قالَتْ عُلا، مُرْتَجِفَةً: «حوْوو! الطَّقْسُ مُزْعِجٌ هذا اليَوْم».

هَزَّ شادي رَأْسَهُ، مُوافِقًا. فَالجَوُّ، فِعْلًا بارِدٌ وَرَطِب.

أَشارَتْ عُلا إِلى كِتابٍ مَفْتوحٍ في إِحْدى زَوايا العِرْزالِ، وَقالَتْ: «اُنْظُر! لا أَتَذَكَّرُ وُجودَ كِتابٍ مَفْتوحٍ هُنا».

– وَأَنا أَيْضًا... لا أَتَذَكَّرُ أَيَّ كِتابٍ مَفْتوحٍ هُنا.

اِلْتَقَطَتْ عُلا الكِتابَ عَنِ الأَرْضِ، وَحَدَّقَتْ إِلى الصُّورَةِ. ثُمَّ أَعْطَتْ أَخاها الكِتابَ، قائِلَةً: «إِنَّهُ مَكانٌ رائِعٌ حَقًّا».

رَأى شادي في الصُّورَةِ شاطِئًا مُشْمِسًا جَميلًا. وَرَأى بَبَّغاءَ خَضْراءَ كَبيرَةً، جاثِمَةً عَلى

إِحْدى سَعَفِ نَخْلَةٍ عالِيَة. وَفي الصُّورَةِ أَيْضًا، سَفينَةٌ شِراعِيَّةٌ كَبيرَة.

... رَشَّةٌ أُخْرى مِنَ الماءِ إِلى داخِلِ العِرْزال.

أَشارَتْ عُلا إِلى الصُّورَةِ، قائِلَةً: «أَتَمَنَّى أَنْ نَكونَ هُناكَ، بَدَلًا مِنْ هُنا!»

فَقالَ شادي بِحَماسَةٍ: «بِالتَّأكيد. وَلكِنْ، ما هُوَ... **هُناك**؟»

زَعَقَ بِهِما صَوْتٌ عالٍ حادٌّ: «فاتَ الأَوان!»

اِلْتَفَتَ الأَخَوانِ بِسُرْعَةٍ إِلى الوَراء.

فَشاهَدا عَلى أَحَدِ الأَغْصانِ، المُواجِهَةِ لِنافِذَةِ العِرْزالِ، بَبَّغاءَ خَضْراء. بَبَّغاءُ تُشْبِهُ تَمامًا البَبَّغاءَ في الصُّورَة.

زَعَقَتِ البَبَّغاءُ مَرَّةً ثانِيَةً: «فاتَ الأَوان!»

قالَتْ عُلا: «أوه، بَبَّغاءُ ناطِقَةٌ جَميلَة! هَلْ يُمْكِنُني أَنْ أُسَمِّيَكِ **جَميلَة**؟»

فَجْأَةً، صَفَرَتِ الرِّيحُ بِقُوَّة.

فَقالَ شادي: «أوووه! إِنَّنا الآنَ في وَرْطَةٍ كَبيرَة!»

اِشْتَدَّ هُبوبُ الرِّيحِ، وَاهْتَزَّتِ الأَغْصانُ وَأَوْراقُها.

بَدَأَ العِرْزالُ يَدورُ بِسُرْعَةٍ فائِقَةٍ، فَأَغْمَضَ شادي عَيْنَيْهِ بِقُوَّة.

ثُمَّ هَدَأَ كُلُّ شَيْءٍ... هُدوءًا تامًّا.

فَتَحَ شادي عَيْنَيْه.

صاحَتْ جَميلَة: «فاتَ الأَوان! فاتَ الأَوان!»

2

جُمْجُمَةٌ وعَظْمَتان!

أَحَسَّ شادي بِحرارَةِ أَشِعَّةِ الشَّمْسِ في العِرْزال.

شَمَّ رائِحَةَ مِياهٍ مالِحَة... وَسَمِعَ صَوْتَ أَمْواج.

وَقفَ مَعَ عُلا أَمامَ النَّافِذَةِ، وَنَظَرا إِلى الخارِج.

كانَ العِرْزالُ في رَأْسِ شَجَرَةِ نَخيلٍ عالِيَة. وَراءَها، بَحْرٌ واسِعُ الأَرْجاءِ... وَزُرْقَةُ السَّماءِ... وَفي الأُفُقِ سَفينَةٌ شِراعِيَّة. تَمامًا مِثْلَما هِيَ الصُّورَةُ في الكِتاب.

زَعَقَتْ جَميلَة: «فاتَ الأَوان!»

– أُنْظُرْ، يا شادي!

كانَتْ جَميلَةُ تُحَلِّقُ دائِرِيًّا فَوْقَ العِرْزال. وَفَجْأَةً، انْطَلَقَتْ بِسُرْعَةٍ إِلى البَحْر.

قالَتْ عُلا: «هَيَّا بِنا. يَجِبُ أَنْ نَتْبَعَها.»

ثُمَّ خَلَعَتْ مِعْطَفَها الواقيَ مِنَ المَطَرِ، وَوَضَعَتْهُ عَلى الأَرْض.

– اِنْتَظِري قَليلًا، يا عَلُّولا! عَلَيْنا أَوَّلًا أَنْ نَدْرُسَ الكِتاب.

مَدَّ شادي يَدَهُ لِأَخْذِ الكِتابِ، لكِنَّ عُلا كانَتْ أَسْرَعَ مِنْهُ. أَمْسَكَتْ بِالكِتابِ، قائِلَةً: «تَسْتَطيعُ أَنْ تَقْرَأَهُ عَلى الشَّاطِئ».

وَمِنْ دونِ أَنْ تَنْظُرَ إِلى الغِلافِ، وَضَعَتِ الكِتابَ في حَقيبَةِ أَخيها.

تَنَهَّدَ شادي. فَالمِياهُ تَبْدو بِالفِعْلِ رائِعَة.

هَزَّ رَأْسَهُ مُوافِقًا، وَخَلَعَ مُشَمَّعَهُ أَيْضًا.

أَعْطَتْ عُلا أَخاها حَقيبَتَهُ، قائِلَةً: «يَلَّا!» وَبَدَأَتْ تَنْزِلُ عَلى سُلَّمِ الحِبال.

طَوى شادي مُشَمَّعَهُ، وَوَضَعَهُ قُرْبَ كَوْمَةِ الكُتُب. ثُمَّ حَمَلَ حَقيبَتَهُ عَلى ظَهْرِهِ، وَنَزَلَ وَراءَ أُخْتِه.

ما إِنْ نَزَلَتْ عُلا عَلى الرَّمْلِ، حَتَّى بَدَأَتْ تَرْكُضُ نَحْوَ الماء.

راقَبَها شادي وَهِيَ تَخوضُ في المِياهِ... مِنْ دونِ أَنْ تَخْلَعَ جَزْمَتَها.

– اِخْلَعي جَزْمَتَكِ، يا عُلا.

هَزَّتْ عُلا كَتِفَيْها، قائِلَةً: «لا تَخَفْ! سَتُجَفِّفُها حرارَةُ الشَّمْس.»

خَلَعَ شادي جَزْمَتَهُ وَجَوْرَبَيْه، وَوَضَعَهُما قُرْبَ حَقيبَتِه. ثُمَّ طَوى رِجْلَيْ بَنْطَلونِه ثَلاثَ مَرَّاتٍ... وَرَكَضَ عَلى الرِّمالِ الحارَّةِ صَوْبَ الأَمْواج.

كانَتِ المِياهُ دافِئَةً وَصافِيَةً، وَكانَتِ الأَصْدافُ وَالأَسْماكُ الصَّغيرَةُ ظاهِرَةً بِوُضوح.

وَضَعَ شادي يَدَهُ فَوْقَ عَيْنَيْهِ، لِحِمايَتِهِما مِنْ وَهْجِ الشَّمْس. وَنَظَرَ إِلى الأُفُق.

بَدَتِ السَّفينَةُ الشِّراعِيَّةُ أَقْرَبَ قَليلًا مِنْ قَبْل. سَأَلَتْهُ عُلا: «أَيْنَ ذَهَبَتْ جَميلَة؟»

تَطَلَّعَ شادي حَوْلَهُ، فَلَمْ يَرَ أَثَرًا لِلْبَبَّغاء. لا في أَشْجارِ النَّخيل. وَلا عَلى الرِّمالِ اللَّامِعَةِ في ضَوْءِ الشَّمْس. وَلا حَتَّى في الفَضاءِ فَوْقَ البَحْر.

عِنْدَما نَظَرَ مَرَّةً أُخْرى إِلى البَحْرِ، بَدَتِ السَّفينَةُ أَقْرَبَ كَثيرًا مِنْ قَبْل. اِقْتَرَبَتْ إِلى دَرَجَةِ أَنَّهُ أَصْبَحَ الآنَ قادِرًا عَلى رُؤْيَةِ عَلَمِها.

اِقْشَعَّرَ جِسْمُ شادي، فيما كانَ يُحَدِّقُ إِلى العَلَم.

عَلَمٌ أَسْوَدُ، عَلَيْهِ جُمْجُمَةٌ وَعَظْمَتانِ مُتَقاطِعَتان.

– هٰذِهِ مُصيبَة!

تَمْتَمَ شادي بِهاتَيْنِ الكَلِمَتَيْنِ، وَبَدَأَ يَخْرُجُ مِنَ الماء.

تَبِعَتْهُ عُلا بِسُرْعَةٍ، سائِلَةً: «ماذا جَرى؟ ما المُشْكِلَة؟»

رَكَضَ شادي إِلى حَقيبَتِه، فَلَحِقَتْ بِهِ أُخْتُه.

أَخْرَجَ الكِتابَ بِعَصَبِيَّةٍ مِنْ حَقيبَتِه، وَنَظَرَ إِلى الغِلاف.

وَلِأَوَّلِ مَرَّةٍ، قَرَأَ الأَخَوانِ عُنْوانَ ذلِكَ الكِتاب.

صاحَتْ عُلا مُنْدَهِشَةً، فيما كانَ شادي يَقْرَأُ العُنْوانَ بِصَوْتٍ مُرْتَجِفٍ:

قَراصِنَةُ البَحْرِ الكاريبي.

3

قُرْصانٌ وَبَحّاران

قالَ شادي لِأُخْتِه: «جِئْنا إِلى زَمَنِ القَراصِنَة!»

فَتَساءَلَتْ عُلا: «قَراصِنَة؟ مِثْلُ الَّذينَ نَراهُم في الأَفْلام؟»

قَلَّبَ شادي صَفَحاتِ الكِتابِ... إلى أَنْ وَصَلَ إِلى صورَةِ البَبَّغاءِ، وَالبَحْرِ، وَالسَّفينَة.

قَرَأَ الكَلِماتِ المَكْتوبَةَ تَحْتَها:

قَبْلَ ثَلاثِمِئَةِ عامٍ، كانَ القَراصِنَةُ
يَغْزَونَ السُّفُنَ الإِسْپانِيَّةَ الَّتي تَحمِلُ
الْكُنوزَ في البَحْرِ الكاريبي.

أَخْرَجَ شادي دَفْتَرَهُ وَقَلَمَهُ مِنَ الحَقيبَةِ، وَكَتَبَ:

قَراصِنَةٌ في البَحْرِ الكاريبي

فَتَحَ الصَّفْحَةَ التَّالِيَةَ، فَرَأى صورَةَ عَلَمٍ قُرْصانِيٍّ. وَقَرَأَ تَحْتَها:

يُسَمَّى عَلَمُ الجُمْجُمَةِ وَالعَظْمَتَيْنِ المُتَقاطِعَتَيْنِ «عَلي راجا».

وَهُوَ لَقَبٌ كانَ يُطْلَقُ عَلى قَراصِنَةٍ آسْيَوِيِّينَ، مَعْناهُ: مَلِكُ البَحْرِ.

– هَيَّا، لِنَذْهَب!

فَقالَ شادي: «اِنْتَظِري! أُريدُ أَنْ أَرْسُمَ العَلَمَ في دَفْتَري.»

ثُمَّ أَوْقَفَ الكِتابَ في الرَّمْلِ، وَبَدَأَ يَرْسُمُ الجُمْجُمَةَ وَالعَظْمَتَيْن.

قالَتْ لَهُ عُلا: «لا تَنْسَخِ الصُّورَةَ مِنَ الكِتاب. اُنْظُرْ إِلى العَلَمِ الحَقيقِيِّ!»

لكِنَّ شادي أَعادَ نَظّارَتَهُ إِلى مَكانِها، وَاسْتَمَرَّ في الرَّسْم.

قالَتْ لَهُ عُلا: «أَرَى بَعْضَ القَراصِنَةِ يَنْزِلونَ إِلى قارِبٍ مُلاصِقٍ لِلسَّفينَة.»

لكِنَّ شادي كانَ مُنْهَمِكًا في رَسْمِ العَلَم.

– القارِبُ يَتَجِّهُ نَحْوَنا، أَيُّها الرَّسّامُ العَظيم.

رَفَعَ شادي رَأْسَهُ، قائِلًا بِحِدَّةٍ: «ماذا؟»

نَظَرَ إِلى البَحْرِ، فَرَأى القارِبَ آتِيًا إِلى الشّاطِئ.

قالَتْ عُلا لِأَخيها: «أُرْكُض!» وَبَدَأَتْ تَرْكُض عائِدَةً إِلى العِزْزال.

قَفزَ شادي واقِفا، فَوَقَعَتْ نَظّارَتُهُ عَنْ عَيْنَيْه.

صاحَتْ بِهِ عُلا، مَرَّةً ثانِيَةً: «أَسْرِع! أَسْرِع!»

رَكَعَ شادي وَبَدَأَ يَبْحَثُ عَنْ نَظّارَتِهِ في الرِّمال.

سَيَكونُ في وَرْطَةٍ كُبْرى... إِنْ لَمْ يَجِدْها.

فَجْأَةً، رَأى شَيْئًا يَلْمَعُ في الرَّمْل. مَدَّ يَدَهُ بِحَذَرٍ إِلى تِلْكَ النُّقْطَةِ، فَوَجَدَ نَظّارَتَه.

رَمى شادي الدَّفْتَرَ وَالقَلَمَ في الحَقيبَةِ، وَرَبَطَ الحَقيبَةَ عَلى ظَهْرِه.

ثُمَّ نَتَشَ جَزْمَتَهُ وَجَوْرَبَيْهِ، وَانْطَلَقَ راكِضًا.

نادَتْهُ عُلا مِنْ رَأْسِ سُلَّمِ الحِبالِ: «أَسْرِع! إِنَّهُم يَقْتَرِبونَ كَثيرًا مِنَ الشّاطِئ!»

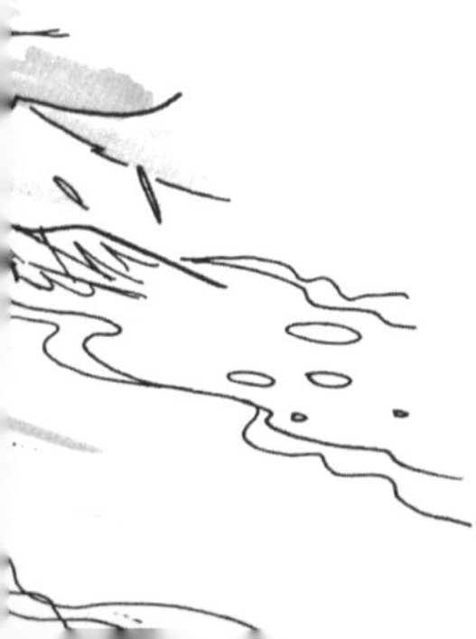

تَوَقَّفَ شادي عِنْدَ أَسْفَلِ السُّلَّمِ، وَنَظَرَ إِلى الوَراء. فِعْلًا، صارَ القَراصِنَةُ قَريبينَ مِنَ الشَّاطِئ.

فَجْأَةً، شاهَدَ كِتابَ القَراصِنَة... لا يَزالُ واقِفًا في الرَّمْلِ، مِثْلَما وَضَعَهُ قَبْلَ قَليل. لَقَدْ أَنْساهُ الارْتِباكُ وُجودَ الكِتاب.

رَمى جَزْمَتَهُ وَجَوْرَبَيْهِ قُرْبَ نَخْلَةِ العِرْزالِ، قائِلًا: «يَجِبُ أَنْ أُعيدَهُ!»

صَرَخَتْ بِهِ عُلا: «هَيَّا، اِصْعَد!»

– سَأَعودُ حالًا. يَجِبُ أَنْ أَسْتَعيدَ الكِتاب!

– أُتْرُكْهُ هُناكَ، وَاصْعَدْ فَوْرًا!

لكِنَّ شادي كانَ في ذلِكَ الوَقْتِ يَرْكُضُ نَحْوَ الماء.

أَمْسَكَ بِالكِتاب.

– عُدْ حالًا!

أَدْخَلَ شادي الكِتابَ بِسُرْعَةٍ في حَقيبَتِهِ، وَاسْتَدارَ نَحْوَ العِرْزال.

فَجْأَةً، حَمَلَتْ مَوْجَةٌ قَوِيَّةٌ قارِبَ القَراصِنَةِ إِلى الشَّاطِئ.

– أُرْكُضْ يا شادي، اُركُض!

نَزَلَ مِنَ القارِبِ ثَلاثَةُ قَراصِنَةٍ ضِخامِ الأَجْسام.

كانَ كُلٌّ مِنْهُمْ واضِعًا خِنْجَرَهُ في فَمِهِ، وَمُعَلِّقًا مُسَدَّسَيْنِ أَوْ ثَلاثَةً في حِزامِه.

هَجَموا عَلى شادي.

فَصاحَتْ عُلا مَرَّةً أُخْرى بِصَوْتٍ مُرْتَجِفٍ: «أُرْكُضْ يا... شادي، اُرْ... كُض!»

4 غَنيمَةٌ تافِهَة

بَدَأَ شادي يَرْكُضُ عَلى الرِّمالِ الحارَّةِ... بِأَقْصى سُرْعَةٍ مُمْكِنَة.

لِكنَّ القَراصِنَةَ كانوا أَسْرَعَ مِنْهُ.

وَفي خِلالِ لَحَظاتٍ، أَمْسَكَ بِهِ أَضْخَمُ القَراصِنَةِ الثَّلاثَة.

حاوَلَ شادي التَّمَلُّصَ وَالهَرَبَ، لِكنَّ لِلْقُرْصانِ ذِراعَيْنِ ضَخْمَتَيْنِ قَوِيَّتَيْن. شَدَّدَ قَبْضَتَهُ عَلى ذِراعِ شادي... وَأَطْلَقَ ضَحْكَةً بَشِعَةً، لَئيمَة. كانَتْ لِحْيَتُهُ السَّوْداءُ كَثيفَةً وَقَذِرَةً، وَعَيْنُهُ اليُمْنى مُغَطّاةً بِرُقْعَةٍ سَوْداء.

سَمِعَ شادي شَقيقَتَهُ تَصْرُخُ، وَرَآها تَنْزِلُ عَلى سُلَّمِ الحِبال.

فَصاحَ بِها، آمِرًا: «لا تَنْزِلي! اِبْقي في العِرْزال!»

لِكِنَّ عُلا تابَعَتْ نُزولَها، وَهِيَ تَصْرُخُ: «أُتْرُكْهُ، أَيُّها المُتَوَحِّشُ القَبيح!»

قَهْقَهَ القُرْصانانِ الآخَرانِ بِخُبْثٍ وَتَكَبُّر. كانا قَذِرَيْنِ جِدًّا، وَيَرْتَدِيانِ ثِيابًا نِصفَ مُهْتَرِئَة.

هَجَمَتْ عُلا عَلى أَضْخَمِ القَراصِنَةِ، صارِخَةً بِهِ: «أُتْرُكْهُ! أُتْرُكْ أَخي!» وَبَدَأَتْ تَضْرِبُهُ بِقَبْضَةِ يَدِها، وَتَرْفُسُه.

لِكِنَّ القُرْصانَ اكْتَفى بِالزَّمْجَرَة، ثُمَّ أَمْسَكَ بِها أَيْضًا. وَبِيَدَيْهِ الضَّخْمَتَيْنِ، رَفَعَ الأَخَوَيْنِ عَنِ الأَرْضِ... كَمَنْ يَرْفَعُ هِرَّيْنِ صَغيرَيْن.

وَبِصَوْتٍ هادِرٍ، قالَ لَهُما: «لا أَحَدَ يُمْكِنُهُ الهَرَبُ مِنَ القُبْطانِ **عِظامي**!»

يَخْ! رائِحَةُ فَمِهِ كَريهَةٌ جِدًّا.

فَصَرَخَتْ بِهِ عُلا مِنْ دونِ خَوْفٍ أَوْ تَرَدُّدٍ: «أُتْرُكْنا! أَنْزِلْنا... وَاتْرُكْنا فَوْرًا!»

لِكِنَّ القُبطانَ عِظامي اكْتَفى بِالابْتِسام.

يَخْ! كُلُّ أَسْنانِهِ سَوْداء!

صَمَتَتْ عُلا.

ضَحِكَ القُبْطانُ عِظامي بِصَوْتٍ عالٍ. ثُمَّ نَظَرَ إِلى مُساعِدَيْهِ، قائِلًا: «اِصْعَدا، أَيُّها الكَلْبانِ وَقولا لي ماذا يوجَدُ في ذلِكَ العِرْزال».

فَقالَ الرَّجُلانِ بِصَوْتٍ واحِدٍ: «أَمْرُكَ، يا رَيِّس!» وَتَسَلَّقا سُلَّمَ الحِبالِ... إِلى العِرْزال.

صاحَ القُبْطانُ عِظامي: «ما الَّذي تَراهُ، يا خَناصِر؟»

فَرَدَّ خَناصِرُ مِنَ العِرْزالِ بِأَعْلى صَوْتِهِ: «كُتُبٌ، يا رَيِّس!»

زَمْجَرَ القُبْطانُ، غاضِبًا: «اِخْخْخ، كُتُب!» ثُمَّ بَصَقَ عَلى الرَّمْلِ، وَصاحَ: «أُريدُ ذَهَبًا، أَيُّها الكَلْبان!»

قالَتْ لَهُ عُلا: «الكِلابُ أَحْسَنُ مِنْكَ بِكَثيرٍ، أَيُّها الفَظُّ!»
فَقالَ لَها شادي: «شْشْش!»
صاحَ القُبْطانُ عِظامي مَرَّةً أُخْرى، بِصَوْتٍ هادِر: «وَأَنْتَ، يا قاذورُ، ما الَّذي وَجَدْتَهُ؟»
فَرَدَّ قاذورُ بِصَوْتٍ عالٍ: «كُتُب! كُتُبٌ لا غَيْر!»
هَمْهَمَ القُبْطانُ بِغَضَبٍ شَديدٍ: «اِخْخْخ، كُتُب! إِنَّني أَكْرَهُ الكُتُب!» ثُمَّ بَصَقَ عَلى الرَّمْلِ، وَزَمْجَرَ: «فَتِّشا جَيِّدًا، أَيُّها الكَلْبان! أُريدُ شَيْئًا جَيِّدًا، لا كُتُبًا تافِهَة!»
أَمْسَكَ القُبْطانُ عِظامي بِحَقيبَةِ شادي، وَقالَ بِحِدَّةٍ: «ما الَّذي يوجَدُ مَعَكَ هُنا؟»
سارَعَ شادي إِلى فَتْحِ حَقيبَتِهِ، وَهُوَ يَقولُ: «لا... لا يوجَدُ شَيْءٌ ذو قيمَة. اُنْظُر! دَفْتَرٌ، وَقَلَمٌ، وَكِتاب».
– كِتاااب؟ كِتابٌ آخَر؟ هذِهِ غَنيمَةٌ تافِهَة.
اِخْتَرَقَتِ الهَواءَ في تِلْكَ اللَّحْظَةِ زَعْقَةٌ حادَّةٌ... سَعيدَة.
جَمَدَ القُرْصانُ في مَكانِهِ، صارِخًا: «ما هذا؟»

اِنْحَنى خَناصِرُ فَوْقَ حافَّةِ نافِذَةِ العِرْزالِ، صائِحًا: «اُنْظُرْ، يا رَيِّس، اُنْظُر!»

فَقالَ شادي في سِرِّهِ: «لَقَدْ وَقَعْنا في وَرْطَةٍ كُبْرى!»

صاحَ القُبْطانُ عِظامي: «اِرْمِهِ لِنَعْرِفَ ما هُوَ!»

فَصاحَتْ عُلا بِصَوْتٍ أَعْلى: «لا، إِنَّها لَيْسَتْ لَكَ!»

رَمى القُبْطانُ عِظامي الأَخَوَيْنِ أَرْضًا، وَالْتَقَطَ الميدالِيَةَ قَبْلَ وُقوعِها عَلى الأَرْض.

– ذَهَبٌ، ذَهَبٌ، ذَهَب! رَدَّدَ القُرْصانُ هذِهِ الكَلِمَةَ، وَهُوَ يَضْحَكُ عَلى نَحْوٍ مُرْعِب. ثُمَّ أَخْرَجَ اثْنَيْنِ مِنْ مُسَدَّساتِهِ، وَأَطْلَقَ نارَهُما في الهَواءِ... احْتِفالًا.

نَزَلَ خَناصِرُ وَقاذورُ مِنَ العِرْزالِ، وَهُما يَعْوِيانِ مِثْلَ الذِّئابِ... ابْتِهاجًا.

5

كَنْزُ الصُّغار

راقَبَ شادي وَعُلا ما يَحْدُثُ، مَرْعوبَيْنِ وَمُرْتَجِفَيْن.

فَقَدْ بَدا القَراصِنَةُ، المُسْتَقْتِلونَ عَلى الذَّهَبِ، كأَنَّهُمْ فَقَدوا عُقولَهُم.

أَوْمَأَ شادي إلى أُخْتِهِ، وَأَخَذا يَتَراجَعانِ بِبُطْءٍ عَنِ القَراصِنَةِ... بِاتِّجاهِ العِرْزال.

صاحَ بِهِما القُبْطانُ عِظامي، وَهُوَ يُصَوِّبُ مُسَدَّسَهُ عَلَيْهِما:

«قِفا! إيَّاكُما أَنْ تَخْطُوَا خُطْوَةً واحِدَةً، أَيُّها التَّافِهان!»

تَجَمَّدَ الأَخَوانِ في مَكانِهِما.

اِبْتَسَمَ القُبْطانُ ابْتِسامَةً عَريضَةً، أَظْهَرَتْ مُعْظَمَ أَسْنانِهِ السَّوْداء. وَقالَ: «أَخْبِراني الآنَ أَيْنَ بَقِيَّةُ الذَّهَبِ، أَوِ اسْتَعِدَّا لِلْمَوْتِ حالًا!»

فَقالَتْ عُلا، مُتَلَعْثِمَةً: «أَيـ... أَيُّ بَـ... بَقِيَّة؟»

صَرَخَ بِها القُبطانُ عِظامي قائِلًا: «بَقِيَّةُ الكَنْزِ، يا مُتَذاكِيَة! أَعْرِفُ أَنَّ الكَنْزَ مَوْجودٌ في هذِهِ الجَزيرَةِ، وَلَدَيَّ خَريطَةُ المَوْقِع».

مَدَّ يَدَهُ إِلى جُعْبَةِ حِزامِهِ، وَأَخْرَجَ قِطْعَةً صَغيرَةً مِنَ الوَرَق. ثُمَّ لَوَّحَ بِها في وَجْهِ الأَخَوَيْنِ الصَّغيرَيْن.

سَأَلَهُ شادي: «هَلْ هذِهِ خَريطَةُ كَنز؟»

– صَحيح. إِنَّها خَريطَةٌ تُرْشِدُني إِلى كَنْزِ الصُّغار.

ظَنَّتْ عُلا أَنَّ القُرْصانَ أَخْطَأَ في لَفْظِ كَلِمَةِ (الصِّغار) فَقالَتْ لَهُ: «ما الَّذي تَعْنيهِ بِكَنْزِ الصِّغار؟ نَحْنُ صَغيرانِ، لكِنَّنا لا نَعْرِفُ شَيْئًا عَنْ كَنْزٍ لِأَحَدِ الصِّغار».

قالَ شادي لِلقُرصانِ: «لِمَ لا تَقْرَأُ لَنا ما المَكْتوبُ في الخَريطَةِ؟»

أَلْصَقَ القُبْطانُ عِظامي وُرَيْقَةَ الخَريطَةِ في وَجْهِ شادي، صائِحًا: «إِقْرَأْها أَنْتَ!»

تأَمَّلَ شادي العَلاماتِ الغَريبَةَ عَلى تِلْكَ القُصاصَةِ مِنَ الوَرَق. ثُمَّ سَأَلَ: «ما الَّذي تَعْنيهِ هذِهِ؟»

فَقالَ القُبْطانُ عِظامي: «ما الَّذي تَعْنيهِ ماذا؟»

أَشارَ شادي إِلى كَلِماتٍ في أَسْفَلِ الخَريطَةِ، قائِلًا: «هذِهِ الكَلِماتُ هُنا».

– إِنَّها... إِنَّها تَعْني...

ضَيَّقَ القُرْصانُ عَيْنَهُ السَّليمَةَ، لِيُحَدِّقَ إِلى الكَلِمات. قَطَّبَ حاجِبَيْهِ... وَسَعَلَ مَرَّتَيْنِ... وَفَرَكَ أَنْفَه.

زَمْجَرَ خَناصِرُ، قائِلًا لِشادي: «أُوْوْف! لا تُضايِقْهُ!»

وَصاحَ قاذورُ: «أَلَا تَعرِفُ أَنَّهُ أُمِّيٌّ، لا يَقْرأُ وَلا يَكْتُبُ؟»

صَرَخَ القُبْطانُ عِظامي بِمُساعِدَيْهِ: «اِخْرَسا أَيُّها الكَلْبانِ الحَقيران!»

قالَتْ عُلا: «أَنا وَشادي نَسْتَطيعُ أَنْ نَقْرَأَ.»

– شْشْش! هَلْ تُريدينَ إيقاعَنا في وَرْطَة؟

قالَ قاذورُ: «أُجْبُرْهُما عَلى قِراءَةِ الخَريطَةِ، يا رَيِّس!»

وَجَّهَ القُبْطانُ عِظامي نَظْرَةً قاسِيَةً إِلى شادي، وَقالَ بِصَوْتٍ كَالرَّعْدِ: «إِقْرَأْ!»

فَقالَ شادي: «إِذا قَرَأْتُها لَكَ، فَهَلْ تَتْرُكُنا نَذْهَبُ في سَبيلِنا؟»

ضَيَّقَ القُرْصانُ عَيْنَهُ السَّليمَةَ للتَّحْديقِ، وَقالَ: «آيْ، أَيُّها التَّافِه! سَأَسْمَحُ لَكُما بِالذَّهابِ، فَوْرَ حُصولي عَلى الكَنْز».

فَقالَ شادي، وَهُوَ يَنْظُرُ إِلى الخَريطَةِ: «حَسَنًا، سَأَقْرَأُ لَكَ الكَلِمات.

إِنَّها تَقولُ: الذَّهَبُ مَوْجودٌ تَحْتَ عَيْنِ الحوت.»

عَبَسَ القُبْطانُ عِظامي، وَقالَ: «ها؟ ما الَّذي يَعْنيهِ ذلِكَ، أَيُّها القَزْمُ الحَقير؟»

هَزَّ شادي كَتِفَيْه، وَزَمَّ شَفَتَيْهِ... لِأَنَّهُ لا يَعْرِف.

صاحَ القُرْصانُ بِمُساعِدَيْهِ: «اللَّعْنَةُ على هذَيْنِ التَّافِهَيْن! اِذْهَبا بِهِما إِلى السَّفينَةِ، وَارْمِياهُما في قَعْرِها! وَسَيَبْقَيانِ هُناكَ مِنْ دونِ طَعامٍ أَوْ شَراب... إِلى أَنْ يَقولا لَنا كَيْفَ نَجِدُ كَنْزَ الصِّغار!»

رَمى الرَّجُلانِ القَوِيَّانِ بِشادي وَعُلا إِلى القارِب.

ثُمَّ بَدَأَ المُساعِدانِ يُجَذِّفانِ، وَبَدَأَ القارِبُ يَشُقُّ طَريقَهُ بَيْنَ الأَمْواج.

كانَتِ السَّماءُ أَمامَهُما مُلَبَّدَةً بِالغُيومِ الرَّعْدِيَّة. وَبَعْدَ لَحظاتٍ، بَدَأَتْ ريحٌ قَوِيَّةٌ تَهُبُّ في تِلْكَ المِنْطَقَة.

صاحَ القُبطانُ عِظامي بِالبَحّارَيْنِ، قائِلًا: «جَذِّفا بِسُرْعَةٍ أَكْبَرَ، أَيُّها الكَلْبانِ الحَقيران!»

جَذَّفَ خَناصِرُ وَقاذورُ بِكُلِّ قُوَّتِهِما، لإيصالِ القارِبِ إلى السَّفينَة.

أَشارَتْ عُلا إِلى الشّاطِئِ، قائِلَةً لِأَخيها:

«أُنْظُر!» كانَتِ البَبَّغاءُ، جَميلَةُ، تُحَلِّقُ دائِرِيًّا فَوْقَ الرَّمْل. فَهَمَسَتْ عُلا إِلى أَخيها، قائِلَةً: «إِنَّها تُريدُ مُساعَدَتَنا.»

بَدَأَتْ جَميلَةُ تَطيرُ فَوْقَ أَمْواجِ البَحْرِ، بِاتِّجاهِ القارِب. لكِنَّ الرِّياحَ كانَتْ قَوِيَّةً جِدًّا. فَاسْتَدارَتِ البَبَّغاءُ، وَطارَتْ عائِدَةً إِلى الجَزيرَة.

6

عَيْنُ الحوت

تَقَلَّبَ المَرْكَبُ مِنْ جانِبٍ إِلى آخَرَ، بَيْنَ أَمْواجٍ عالِيَةٍ قَوِيَّة. شَعَرَ شادي بِدُوارِ البَحْرِ، وَتَأَذَّتْ عَيْناهُ بِالمِياهِ المالِحَة. صَرَخَ القُرْصانُ بِمُساعِدَيْه، قائِلًا بِغَضَبٍ بالِغٍ: «حافِظا عَلى اسْتِقْرارِ المَرْكَبِ، أَيُّها الكَلْبانِ الضَّعيفان!» ثُمَّ أَشارَ إِلى البَحْرِ، وَأَضافَ: «إِنْ لَمْ تَعْمَلا عَلى إِبْقاءِ المَرْكَبِ مُسْتَقِرًّا، فَسَنُصْبِحُ كُلُّنا طَعامًا لِهذِهِ الوُحوشِ الشِّرِّيرَة!» كانَتْ هُناكَ زَعانِفُ داكِنَةٌ تَشُقُّ المِياهَ، ذَهابًا وَإِيابًا. إِنَّها أَسْماكُ القِرْشِ المُفْتَرِسَة!

مَرَّ قِرْشٌ ضَخْمٌ بِسُرْعَةٍ قُرْبَ القارِب. كانَ قَريبًا جِدًّا، بِحَيْثُ يُمْكِنُ لَمْسُهُ مِنْ داخِلِ القارِب. فَارْتَجَفَ شادي، وَاقْشَعَرَّ جِسْمُه.

بَعْدَ قَليلٍ، تَوَقَّفَ القارِبُ بِمُحاذاةِ السَّفينَة.

كانَ الجَوُّ مَليئًا بِالأَصْواتِ الصَّاخِبَةِ لِآلاتِ الكَمانِ وَمَزاميرِ القِرَب.

سَمِعَ شادي مُلاحَظاتٍ ساخِرَةً... وَصَرَخاتٍ عِدائِيَّةً... وَضَحْكاتٍ بَشِعَة.

صاحَ القُبْطانُ عِظامي بِرِجالِهِ: «اِرْفَعوهُما إِلى فَوْق!»

فَرُفِعَ شادي وَعُلا إِلى سَطْحِ السَّفينَةِ الشِّراعِيَّةِ بِلَمْحِ البَصَر.

كانَتِ السَّفينَةُ تُصْدِرُ أَصْواتًا مِثْلَ الأَنينِ، وَتَتَمايَلُ مِنْ ناحِيَةٍ إِلى أُخْرى. وَكانَتِ الحِبالُ تَتَراقَصُ في الرِّيحِ القَوِيَّةِ، وتَضْرِبُ هُنا وَهُناك.

لَمْ يَرَ شادي وَعُلا حَولَهُما... إِلَّا قَراصِنَة.

كانَ بَعْضُهُمْ يَرْقُصُ، وَعَدَدٌ مِنْهُمْ يَشْرَبُ وَيُغَنِّي. لكِنَّ كُثُرًا مِنْهُمْ كانوا يَتَقاتَلونَ... يَتَبارَزونَ بِالسُّيوفِ، أَوْ يَتَلاكَمون.

قالَ القُبْطانُ عِظامي، آمِرًا رِجالَهُ: «اِحْبِسوهُما في حُجْرَتي!»

أَمْسَكَ اثْنانِ مِنَ القَراصِنَةِ بِشادي وَعُلا، وَرَمَيا بِهِما في حُجْرَةِ القُبْطان. ثُمَّ أَقْفَلا الباب.

كانَ الجَوُّ داخِلَ تِلْكَ الحُجْرَةِ رَطِبًا، وَذا رائِحَةٍ كَريهَة. وَكانَ النُّورُ الضَّعيفُ فيها آتِيًا مِنْ نافِذَةٍ مُسْتَديرَةٍ صَغيرَة.

قالَ شادي: «إِنَّنا في وَرْطَةٍ كَبيرَة. يَجِبُ أَنْ نَجِدَ وَسيلَةً لِلْعَوْدَةِ إِلى الجَزيرَة.»

فَأَتَمَّتْ عُلا كَلامَهُ بِالقَوْلِ: «...حَتَّى نَتَمَكَّنَ مِنْ دُخولِ العِرْزالِ، وَالعَوْدَةِ إِلى البَيْت.»

شَعَرَ شادي فَجْأَةً بِأَنَّهُ مُتْعَبٌ جِدًّا... وَخائِفٌ جِدًّا. كَيْفَ سَيَتَمَكَّنانِ مِنْ حَلِّ هَذِهِ المُشْكِلَةِ الصَّعْبَةِ، وَالتَّخَلُّصِ مِنْ أَسْرِ القَراصِنَة؟

قالَ لِأُخْتِهِ: «يَجِبُ أَنْ نَتَفَحَّصَ الكِتابَ بِعِنايَةٍ.»

أَخْرَجَ كِتابَ القَراصِنَةِ مِنْ حَقيبَتِهِ، وَبَدَأَ يَتَصَفَّحُه.

وَفيما كانَ يَبْحَثُ عَنْ أَيِّ شَيْءٍ يُفيدُهُما، تَوَقَّفَ وَقالَ: «أُنْظُري!»

وَجَدَ صورَةَ قَراصِنَةٍ يَدْفِنونَ صُنْدوقًا مَليئًا بِالكُنوز. فَقالَ: لَعَلَّ هذا الأَمْرَ يُساعِدُنا.»

قَرَأَ شادي وَعُلا، مَعًا، الكَلِماتِ المَكْتوبَةَ تَحْتَ الصُّورَةِ:

كانَ القُبْطانُ صُغار قُرْصانًا شَهيرًا.
وَيُقالُ إِنَّهُ دَفَنَ صُنْدوقَ كُنوزٍ
في جَزيرَةٍ مَهْجورَة. وَكانَ الصُّنْدوقُ
مَليئًا بِالذَّهَبِ وَالمُجَوْهَرات.

– القُبْطانُ... صُغار!!!

اِبْتَسَمَتْ عُلا، وَقالَتْ: «أوه! الآنَ فَهِمْتُ القَضِيَّة. اِسْمُهُ صُغار، وَلا عَلاقَةَ لَهُ بِالصِّغار... كما ظَنَنْتُ مِنْ قَبْل!»

– صَحيح.

نَظَرَتْ عُلا مِنَ النَّافِذَةِ المُسْتَديرَةِ إِلى الخارِج. وَقالَتْ: «إِذًا، كَنْزُ القُبْطانِ صُغار مَدْفونٌ في مَكانٍ ما مِنَ الجَزيرَة.»

أَخْرَجَ شادي دَفْتَرَهُ وَقَلَمَهُ، وَكَتَبَ:

كَنْزُ القُبْطانِ صُغار مَوْجودٌ في الجَزيرَة

– شَ... شادي!

– شْشْش! اِنْتَظِري دَقيقَةً، إِنَّني أُفَكِّر.

– هَلْ تَعْرِفُ ما الَّذي أَراهُ الآن؟

نَظَرَ شادي مَرَّةً أُخْرى إِلى الكِتابِ، وَقالَ: «ماذا؟»

– حوتٌ، يا شَدْشود! حووووت!

رَفَعَ شادي رَأْسَهُ نَحْوَ أُخْتِهِ، قائِلًا: «حوت؟ هَلْ قُلْتِ... حوتًا؟»

– نَعَمْ، حوت. حوتٌ ضَخْمٌ جِدًّا، يُمْكِنُ أَنْ يُغَطِّيَ مَلْعَبًا لِكُرَةِ القَدَمِ... بِكامِلِه!

قَفزَ شادي مِنْ مَكانِهِ، وَنَظَرَ عَبْرَ النَّافِذَةِ الصَّغيرَةِ.

– أَيْن؟ أَيْن؟

لَمْ يَرَ شادي إِلَّا الجَزيرَةَ... وَالأَمْواجَ المُتَلاطِمَةَ... وَزَعانِفَ سَمَكِ القِرْش!

قالَتْ عُلا: «هُناك!»

فَسَأَلَها شادي بِعَصَبِيَّةٍ: «أَيْن؟ أين؟»

– هُناكَ، يا فَهيم! الجَزيرَةُ نَفْسُها مُكَوَّنَةٌ عَلى شَكْلِ حوتٍ بالِغِ الضَّخامَة!

رَأى شادي الجَزيرَةَ الآنَ بِشَكْلِ الحوتِ... «واوْوْو!»

سَأَلَتْهُ عُلا: «هَلْ تَرى ظَهْرَ الحوت؟»

تَمْتَمَ بِكَلِمَةِ «نَعَمْ»، وَهُوَ يُحَدِّق. فَقَدْ بَدا مُنْحَدَرُ الجَزيرَةِ مِثْلَ ظَهْرِ حوتٍ كَبير.

– هَلْ تَرى شَكْلَ نافورَةِ الماءِ، المُتَدَفِّقَةِ مِنْ أَنْفِه؟

قالَ شادي: «أوه!» فَشَجَرَةُ النَّخيلِ الَّتي تَحْمِلُ العِرْزالَ... تَبْدو مِثْلَ نافورَةِ الحوت.

– هَلْ ترى عَيْنَهُ؟

شَهِقَ شادي تَعَجُّبًا. فَقَدْ بَدَتْ صَخْرَةٌ سَوْداءُ كَبيرَةٌ مِثْلَ عَيْنِ الحُوتِ تمامًا.

– واوْوْو!

تَذَكَّرَ شادي عِنْدَئِذٍ تِلْكَ الكَلِماتِ في الخَريطَةِ:

«الذَّهَبُ مَوْجودٌ تَحْتَ عَيْنِ الحوت».

7

عاصِفَةٌ هَوْجاء!

قالَتْ عُلا: «إِذًا، لا بُدَّ مِنْ أَنْ يَكونَ الكَنْزُ مُخَبَّأً تَحْتَ تِلْكَ الصَّخْرَة.»

فَقالَ شادي: «صَحيح. الآنَ عَلَيْنا أَنْ نَعودَ إِلى الجَزيرَة. سَنَدُلُّ القُبْطانَ عِظامي عَلى مَكانِ الكَنْز. وَعِنْدَما يَبْدَأُ كُلُّ القَراصِنَةِ بِالحَفْرِ، نَتَسَلَّلُ صاعِدَيْنِ إِلى العِرْزال.»

قالَتْ عُلا: «وَفي العِرْزالِ، نَتَمَنّى العَوْدَةَ إِلى بَيْتِنا.»

– تمامًا.

أَطَلَّ شادي بِرَأْسِهِ مِنَ النافِذَةِ المُسْتَديرَةِ لِحُجْرَةِ القُبْطان. وَنادَى بِأَعْلى صَوْتِهِ: «سَيِّدي القُبْطانُ عِظامي!»

فَرَدَّدَ القَراصِنَةُ النِّداءَ بِأُسْلوبِهِم المُعْتادِ: «رَيِّسُ عِظامي! رَيِّسُ عِظامي!»

سَمِعَ شادي صَوْتًا كَالرَّعْدِ: «آيْ!»

أَقْحَمَ القُبْطانُ عِظامي وَجْهَهُ البَشِعَ عَبْرَ النافِذَة. وَحَمْلَقَ إِلى شادي بِعَيْنِهِ السَّليمَةِ، صائِحًا: «ماذا تُريدانِ أَيُّها التَّافِهان؟»

فَقالَ شادي: «نَحْنُ مُسْتَعِدَّانِ الآنَ لِإِطْلاعِكَ عَلى الحَقيقَةِ، يا سَيِّدي!»

زَمْجَرَ القُرْصانُ، قائِلًا: «هَيَّا! تابِع!»

– إِنَّنا نَعْرِفُ أَيْنَ أَخْفى القُبْطانُ صُغار كَنْزَه.

– أَيْن؟

فَقالَتْ عُلا: «لا نَسْتَطيعُ أَنْ نُرْشِدَكَ إِلَيْهِ بِالكَلام. يَجِبُ أَنْ نُريكَ المَكانَ، وَإِلَّا فَلَنْ تَجِدَه.»

وَجَّهَ القُرْصانُ إِلى الأَخَوَيْنِ نَظْرَةً قاسِيَةً طَويلَة.

قالَ شادي: «سَتَحْتاجُ إِلى حَبْلٍ طَويلٍ مَتين.»

وَقالَتْ عُلا: «سَتَحْتاجُ أَيْضًا إِلى مَعاوِلَ وَرُفوش.»

هَمْهَمَ القُبْطانُ عِظامي، ثُمَّ صاحَ بِرِجالِهِ: «هاتوا حَبْلًا، وَمَعاوِلَ، وَرُفوشًا!»

– أَمْرُكَ، يا رَيِّس!

– وَارْمُوا هذَيْنِ التَّافِهَيْنِ في القارِب!

– أَمْرُكَ، يا رَيِّس!

ثُمَّ صاحَ بِمُساعِدَيْهِ الرَّئيسِيَّيْنِ، قائِلًا: «إِنَّنا عائِدونَ الآنَ إِلى الجَزيرَة!»

– أَمْرُكَ، يا رَيِّس!

في القارِبِ، رَأى شادي السَّماءَ تَتَلَبَّدُ بِغُيومٍ أَشَدَّ سَوادًا. وَكانَتِ الأَمْواجُ أَعْلى وَأَقْوى مِنْ قَبْلُ... وَالرِّيحُ تَعْوي مِثْلَ الذِّئاب.

قالَ خَناصِرُ: «عا... صِفَةٌ هَوْجاءُ... آتِيَةٌ!»

فَصاحَ بِهِ القُبْطانُ عِظامي: «أَعِدُكَ بِأَنَّ عاصِفَةً هَوْجاءَ سَتَقْضي عَلَيْكَ، إِنْ لَمْ أَجِدِ الذَّهَبَ هذا اليَوْم. جَذِّفا، أَيُّها الكَلْبانِ، جَذِّفا!»

كافَحَ القَراصِنَةُ الثَلاثَةُ أَمْواجَ البَحْرِ العاتِيَةِ، لِحينِ وُصولِهِمْ إِلى الجَزيرَة.

نَزَلَ الجَميعُ مِنَ القارِبِ، الَّذي سَحَبَهُ خَناصِرُ وَقاذُورُ فَوْقَ الرِّمالِ لِحِمايَتِهِ مِنَ الأَمْواجِ.

أَمْسَكَ القُبْطانُ عِظامي بِشادي وَعُلا. وَصَرَخَ بِهِما: «الآنَ، دُلَّاني عَلى مَكانِ الكَنْزِ.»

قالَتْ عُلا: «هُناكَ!»

وَأَشارَتْ بِيَدِها إِلى الصَّخْرَةِ السَّوْداءِ قُرْبَ طَرَفِ الجَزيرَةِ.

وَقالَ شادي: «نَعَمْ، هُناك. تَحْتَ تِلْكَ الصَّخْرَة.»

جَرَّ القُبْطانُ عِظامي الأَخَوَيْنِ عَلى الرِّمالِ، إِلى أَنْ وَصَلَ الجَميعُ إِلى تِلْكَ الصَّخْرَة.

وَهُناكَ، قالَ القُرْصانُ لِمُساعِدَيْهِ بِحِدَّةٍ: «هَيَّا إِلى العَمَل!»

فَقالَتْ لَهُ عُلا، بِبراءَةٍ: «وَأَنْت؟»

قَهْقَهَ القُبْطانُ عِظامي بِأَعْلى صَوْتِهِ، وَقالَ: «أَنا؟ أَنا الرَّيِّسُ، أَيَّتُها التَّافِهَة!»

بَلَعَ شادي ريقَهُ خَوْفًا. كَيْفَ يُمْكِنُهُما الهَرَبُ مِنْ شَخْصٍ قاسٍ كَهذا!

اِسْتَجْمَعَ قِواهُ، وَقالَ: «أَلا تَظُنُّ أَنَّ عَلَيْكَ مُساعَدَةَ هذَيْنِ الرَّجُلَيْن؟»

كَشَّرَ القُرْصانُ في وَجْهِ شادي، وَقالَ: «لا. سَأَبْقى هُنا مُمْسِكًا بِكُما... إِلى أَنْ يَصيرَ الكَنْزُ في يَدي!»

8

الحُفْرَة

رَبَطَ خَناصِرُ وَقاذورُ حَبْلَهُما حَوْلَ الصَّخْرَةِ الكَبيرَةِ، فيما كانَتِ الرِّيحُ تَعْصِفُ وَتَعْوي.

حاوَلَ الرَّجُلانِ جَرَّ الصَّخْرَةِ مِنْ مَكانِها، فَلَمْ تَتَحَرَّك. شَدّا مَرَّةً ثانِيَةً... وَثالِثَةً، لكِنْ مِنْ دونِ نَتيجَة.

قالَ شادي لِلْقُرْصانِ: «إِنَّهُما يَحْتاجانِ إِلى مُساعَدَة!»

فَأَجابَهُ القُبْطانُ عِظامي بِصَوْتٍ مُزَمْجِرٍ: «يَجِبُ على هذَيْنِ الكَلْبَيْنِ الحَقيرَيْنِ إِنْجازُ هذِهِ المُهِمَّةِ بِمُفرَدِهِما!»

قالَتْ لَهُ عُلا: «إِنَّكَ قاسٍ جِدًّا عَلَيْهِما.»

فَصَرَخَ بِها: «اِخْرَسي أَيَّتُها الحَشَرَةُ الصَّغيرَة!»

صاحَ خَناصِرُ بِسَعادَةٍ: «لَقَدْ نَجَحْنا، يا رَيِّس!»

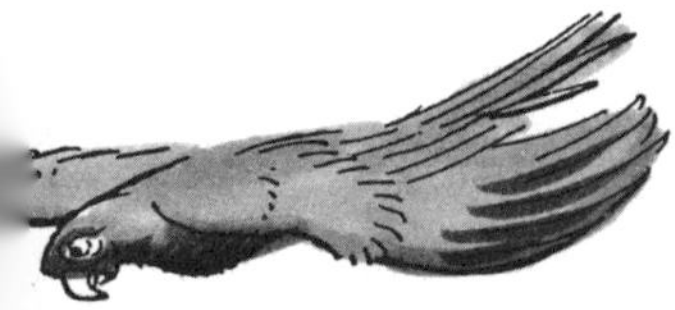

وَبِالفِعْلِ، بَدَأَ الرَّجُلانِ يَسْحَبانِ الصَّخْرَةَ على الرِّمال.

فَقالَ شادي: «الآنَ، عَلَيْنا أَنْ نَحْفِرَ ما كانَ تَحْتَها. وَعَلَيْنا **كُلُّنا** أَنْ نَتَعاوَنَ في الحَفْر!»

لكِنَّ القُرْصانَ تَجاهَلَ طَلَبَ شادي، وَصَرَخَ بِمُساعِدَيْهِ: «اِحْفِرا، أَيُّها الكَلْبانِ، اِحْفِرا!»

بَدَأَ خَناصِرُ وَقاذورُ يَحْفِرانِ... فيما كانَ هُبوبُ الرِّيحِ يَشْتَدُّ لَحْظَةً بِلَحْظَة. وَبَدا مُؤَكَّدًا أَنَّ عاصِفَةً رَعْدِيَّةً قَوِيَّةً سَتَهُبُّ بَيْنَ لَحْظَةٍ وَأُخْرى.

تَذَمَّرَ خَناصِرُ، قائِلًا: «أُوْوْو! دَخَلَ رَمْلٌ في عَيْني!»

وَقالَ قاذورُ بِصَوْتٍ مِثْلِ البُكاءِ: «أُوْوْو! ظَهْري يُؤْلِمُني!»

– اِحْفِرا، وَإِلَّا اقْتَلَعْتُ عَيْنَكَ يا خَناصِرُ... وَقَصَمْتُ ظَهْرَكَ يا قاذور!

أَمْسَكَ القُرْصانُ بِالأَخَوَيْنِ... بِيَدٍ واحِدَة. وَبِيَدِهِ الأُخْرى، أَخْرَجَ الميدالِيَةَ الذَّهَبِيَّةَ مِنْ جِرابِ حِزامِه.

رَمى القُبْطانُ عُظامي الميدالِيَةَ إِلى مُساعِدَيْه، فَوَقَعَتْ في الحُفْرَة. وَصاحَ بِهِما: «اِحْفِرا، أَيُّها الحَقيرانِ، لإِيجادِ المَزيدِ مِنْ هذِهِ!»

زَعْقَةٌ قَوِيَّة!

قالَتْ عُلا لِأَخيها: «أُنْظُر!»

عادَتِ البَبَّغاءُ، جَميلَة! وَكانَتْ تَطيرُ دائِرِيًّا فَوْقَهُما!

صاحَتِ البَبَّغاءُ: «عودا! اِرْجِعا!»

تَطَلَّعَ خَناصِرُ وَقاذورُ إِلى البَبَّغاءِ... وَعَبَسا.

صاحَ بِهِما القُبْطانُ عَظامي، آمِرًا: «اِحْفِرا!»

فَقالَ خَناصِرُ لِقُبْطانِهِ: «عاصِفَةٌ هَوْجاءُ آتِيَةٌ، يا رَيِّس!»

صاحَتْ جَميلَةُ مَرَّةً أُخْرى: «عودا! اِرْجِعا!»

صَرَخَ قاذورُ، قائِلًا: «هذا الطائِرُ يُنْذِرُ بِالشُّؤْمِ، يا رَيِّس!»

فَصَرَخَ القُبْطانُ عِظامي، قائِلًا: «اِحْفِرا أَيُّها الكَلْبانِ الجَبانانِ، اِحْفِرا!»

زَعَقَتْ جَميلَةُ مَرَّةً ثالِثَةً: «عودا! اِرْجِعا!»

صاحَ خَناصِرُ مُرْتَعِدًا: «هذِهِ البَبَّغاءُ تُنْذِرُنا، يا رَيِّس! يَجِبُ أَنْ نَعودَ إِلى السَّفينَةِ... قَبْلَ أَنْ يَفوتَ الأَوان!»

رَمى البَحّارانِ رَفْشَيْهِما أَرْضًا، وَبَدَآ يَرْكُضانِ نَحْوَ القارِب.

صَرَخَ القُبْطانُ عِظامي
بِمُساعِدَيْهِ، مُزَمْجِرًا وَمُتَوَعِّدًا:
«عودا أَيُّها المُتَمَرِّدانِ الحَقيرانِ،
وَإِلّا فَإِنَّني سَأُعَلِّقُكُما
مِنْ أَعْلى سارِيَةٍ في
السَّفينَة!»

جَرَّ القُرْصانُ شادي وَعُلا
عَلى الرِّمالِ، وَهُوَ راكِضٌ
وَراءَ مُساعِدَيْهِ
الهارِبَيْنِ... صارِخًا:
«تَوَقَّفا! تَوَقَّفا، أَيُّها المُتَمَرِّدانِ الحَقيران!»

لكِنَّ خَناصِرَ وَقاذورَ ظَلّا يَرْكُضانِ، إِلى أَنْ وَصَلا إِلى الشّاطِئ. وَهُناكَ، دَفَعا القارِبَ إِلى الماءِ وَ...

صَرَخَ بِهِما القُبْطانُ عِظامي: «انْتَظِرا!»

لكِنَّ خناصِرَ وَقاذورَ قَفَزا إِلى المَرْكَبِ، وَبَدَآ يُجَذِّفان.

تَرَكَ القُبْطانُ شادي وَعُلا، وَخاضَ في الماءِ...
صارِخًا: «انْتَظِرا، أَيُّها الكَلْبان!»
أَمْسَكَ بِالقارِبِ، وَصَعِدَ إِلَيْه... ثُمَّ اخْتَفى
القَراصِنَةُ الثَّلاثَةُ في رَشاشِ الأَمْواجِ العاتِيَة.
زَعَقَتْ جَميلَةُ: «عودا! عودا!»
فَقالَتْ عُلا: «إِنَّها تَعْنينا نَحْنُ!»
في تِلْكَ اللَّحْظَةِ، تَفَجَّرَتِ العاصِفَةُ
الهَوْجاءُ فَوْقَ الجَزيرَة. صَفَرَتِ الرِّياحُ
وَعَوَتْ... وَهَطَلَتِ الأَمْطارُ بِغَزارَةٍ
شَديدَة.
صاحَتْ عُلا بِأَخيها: «هَيَّا! يَجِبُ
أَنْ نَذْهَبَ الآن!»
فَأَجابَها بِصَوْتٍ عالٍ، كَيْ
تَسْمَعَهُ: «اِنْتَظِري! يَجِبُ أَنْ أَسْتَعيدَ
الميدالِيَة!»

رَكَضَ شادي إِلى الحُفْرَةِ الَّتي حَفَرَها مُساعِدا القُبْطانِ... وَانْحَنى فَوْقَها.

وَحَتَّى في ذلِكَ الضَّوْءِ الضَّعيفِ، كانَتِ الميدالِيَةُ تَلْمَع.

رَأى شادي تَحْتَها قِطْعَةً مِنَ الخَشَب. فَقَدْ أَزالَ المَطَرُ، المُنْهَمِرُ بِغزارَةٍ، بَعْضَ الرَّمْلِ مِنَ الحُفْرَة.

سَقَطَ المَزيدُ مِنَ المَطَرِ المُتَدَفِّقِ في الحُفْرَةِ، وَأَزالَ مَزيدًا مِنَ الرَّمْل. فَرَأى شادي سَطْحَ صُنْدوقٍ خَشَبِيٍّ قَديم.

حَدَّقَ مَشْدوهًا، وَفاتِحًا فَمَهُ تَعَجُّبًا.

هَلْ هذا صُنْدوقُ الكَنْزِ لِلْقُبطانِ صُغار؟

نادَتْهُ عُلا، وَهِيَ في مُنْتَصَفِ السُّلَّمِ صُعودًا إِلى العِرْزالِ: «أَسْرِع! إِنَّكَ في خَطَرٍ كَبير!»

صاحَ شادي، بِسَعادَةٍ بالِغَةٍ: «وَجَدْتُهُ! وَجَدْتُهُ! وَجَدْتُ صُنْدوقَ الكَنْزِ!»

– اِنْسَ صُنْدوقَ الكَنْزِ، يا حَياتي! يَجِبُ أَنْ نَذْهَبَ الآنَ، لِأَنَّ العاصِفَةَ تَزْدادُ سوءًا!

ظَلَّ شادي يُحَدِّقُ إِلى الصُّنْدوق. هَلْ فيهِ ذَهَبٌ، أَوْ فِضَّةٌ، أَوْ أَحْجارٌ كَريمَةٌ؟

صَرَخَتْ بِهِ عُلا مِنْ نافِذَةِ العِرْزالِ: «تَعالَ فَوْرًا!» لكِنَّ شادي لَمْ يَسْتَطِعْ أَنْ يَرْفَعَ نَظَرَهُ عَنِ الصُّنْدوق... ثُمَّ أَزاحَ بِيَدِهِ ما تَبَقَّى عَلى الصُّندوقِ مِنْ رَمْلٍ موحِلٍ، وَ...

صاحَتْ عُلا، باكِيَةً: «شادي، حَبيبي، اِنْسَ صُنْدوقَ الكَنْزِ... وَتعالَ حالًا!»

زَعَقَتْ بِهِ جَميلَةُ: «عُدْ! اِرْجِع!»

نَظَرَ شادي إِلى البَبَّغاءِ، الَّتي كانَتْ جاثِمَةً عَلى الصَّخْرَةِ السَّوْداء.

تَأَمَّلَ عَيْنَيْها الكَبيرَتَيْنِ، الحَكيمَتَيْن. شَعَرَ بِأَنَّهُ يَعْرِفُها – يَعْرِفُها مِنْ مَكانٍ آخَرَ، وَزَمانٍ آخَر!!!

صاحَتْ جَميلَةُ: «اِرْجِعْ، يا شادي! اِرْجِعْ إِلى العِرْزالِ الآن!»

صَحيحٌ أَنَّ هذِهِ الكَلِماتِ أَتَتْ مِنْ طَيْرٍ، لكِنَّها بَدَتْ كَأَنَّها آتِيَةٌ مِنْ... إِنْسان.

إِنَّها عَلى حَقٍّ! لَقَدْ حانَ الوَقْتُ فِعْلًا لِلْعوْدَة.

أَلْقى شادي نَظْرَةً أَخيرَةً عَلى صُنْدوقِ الكَنْز. ثُمَّ أَمْسَكَ جَيِّدًا بِالميدالِيَةِ الذَّهَبِيَّةِ، وَبَدَأَ يَرْكُضُ نَحْوَ العِرْزال.

وَجَدَ شادي جَوْرَبَيْهِ فَوْقَ جَزْمَتِهِ، قُرْبَ قاعِدَةِ النَّخْلَةِ... حَيْثُ تَرَكَهُما. فَلَبِسَ جَزْمَتَهُ بِسُرْعَةٍ، وَأَقْحَمَ جَوْرَبَيْهِ في حَقيبَةِ ظَهْرِه.

كانَ سُلَّمُ الحِبالُ يَتَراقَصُ بَعُنْفٍ، بِسَبَبِ الرِّياحِ القَوِيَّة. لكِنَّ شادي تَمَكَّنَ مِنَ الإِمْساكِ بِه.

بَدَأَ يَصْعَدُ بِبُطءٍ شَديدٍ، فيما كانَتِ الرِّياحُ تَقْذِفُ بِالسُّلَّمِ مِنْ هُنا إِلى هُناك. لكِنَّ شادي تَمَسَّكَ بِالسُّلَّمِ... بِكُلِّ قُوَّتِه.

أَخيرًا... دَخَلَ إِلى العِرْزالِ، مُنْهَكًا مِنَ التَّعَب.

وَقالَ لِأُخْتِهِ: «عودي بِنا إِلى البَيْتِ... فَوْرًا!»

كانَتْ عُلا تَحْمِلُ الكِتابَ عَنْ بِلادِهِما، وَقَدْ فَتَحَتْهُ عَلى الصَّفْحَةِ الخاصَّةِ بِبَلْدَتِهِما الشَّجْراء.

وَضَعَتْ إِصْبَعَها عَلى الصُّورَةِ، وَصاحَتْ: «أَتَمَنّى العَوْدَةَ إِلى بَلْدَتِنا!»

كانَتِ الرِّيحُ تَعْصِفُ بِقُوَّة. وَعِنْدَما قالَتْ عُلا تِلْكَ الكَلِماتِ، ازْدادَتِ الرِّيحُ قُوَّةً وَجُنونًا.

بَدَأَ العِرْزالُ يَدورُ بِسُرْعَةٍ، وَازْدادَتْ سُرْعَتُهُ لَحْظَةً بِلَحْظَة.

فَجْأَةً، هَدَأَ كُلُّ شَيْءٍ... هُدوءًا تامًّا!

9

اِكْتِشافُ شَخْصِيَّةِ ميمٍ الغامِضَة

نُقْطَةٌ، نُقْطَة.

فَتَحَ شادي عَيْنَيْه. كانَتْ مِياهُ المَطَرِ، العالِقَةُ عَلى الشَجَرَة، تُنَقِّطُ عَلَيْه.

لَقَدْ عادا إِلى بَلْدَةِ الشَّجْراء.

المَطَرُ الآنَ أَخَفُّ مِنَ السَّابِق! الرِّيحُ أَهْدَأُ مِنَ السَّابِقِ! الجَوُّ مُنْعِشٌ أَكْثَرَ مِمَّا كانَ في السَّابِق!

تَنَهَّدَ شادي، وَقالَ: «واوْوْو! هَلْ تُدْرِكينَ، يا عَلُّولا، أَنَّنا نَجَوْنا مِنْ خُرومِ الشَّبَك؟»

لَمْ تَنْتَبِهْ عُلا إِلى أَنَّ أَخاها ما زالَ مُمْسِكًا بِالميدالِيَةِ الذَّهَبِيَّة.

فَكَّرَتْ لَحْظَةً، وَقالَتْ بِصَوْتٍ حَزينٍ: «ذَهَبَتْ جَميلَةُ، يا شادي. كُنْتُ أَتَمَنَّى أَنْ تَعودَ مَعَنا».

فَقالَ شادي: «لَمْ يَعُدْ مَعَنا أَيُّ مَخْلوقٍ سِحْرِيٍّ رَأَيْناهُ حَتَّى الآنَ!»

ثُمَّ رَفَعَ حَقيبَتَهُ المُبَلَّلَةَ بِمِياهِ البَحْرِ المالِحَةِ وَالمَطَر. وَأَخْرَجَ مِنْها كَتابَ القَراصِنَة.

وَضَعَ شادي هذا الكِتابَ فَوْقَ كَوْمَةٍ مِنَ الكُتُب.

كِتابُ الدَّيْناصوراتِ، وَكِتابُ القِلاعِ وَالفارِس، وَكِتابُ المومِياء.

ثُمَّ وَضَعَ الميدالِيَةَ الذَّهَبِيَّةَ قُرْبَ عَلامَةِ الكِتابِ الَّتي تَحْمِلُ حَرْفَ «م».

بَعْدَ ذلِكَ، رَكَعَ عَلى أَرْضِ العِرْزالِ... وَمَرَّرَ إِصْبَعَهُ فَوْقَ حَرْفِ الميمِ اللّامِع.

وَقالَ: «لَمْ نَجِدْ في هذِهِ الرِّحْلَةِ أَيَّ مومِياوات!»

– وَلا أَيَّ شَخْصٍ يَبْدأُ اسْمُهُ، أَوْ لَقَبُهُ، بِحَرْفِ الميم!

عَقْقْق...!

فَصاحَتْ عُلا: «هذِهِ... جَميلَة!»

اِنْدَفَعَتِ البَبَّغاءُ بِقُوَّةٍ إِلى داخِلِ العِرْزال. جَثَمَتْ عَلى كَوْمَةِ الكُتُبِ... وَنظَرَتْ مُباشَرَةً إِلى شادي.

فَسَأَلَها: «ما... ما الَّذي تَفْعَلينَهُ هُنا؟»

بِبُطْءٍ، رَفَعَتْ جَميلَةُ جَناحَيْها الأَخْضَرَيْنِ الجَميلَيْن.

اِزدادَ اتِّساعُ الجانِحَيْنِ شَيْئًا فَشَيْئًا، إِلى أَنْ أَصْبَحا مِثْلَ عَباءَةٍ قَصيرَةٍ خَضْراءَ... واسِعَةٍ جِدًّا.

تَراقَصَتْ أَلْوانُ البَبَّغاءِ... وَاخْتَلَطَ الضَّوْءُ بِريشِها. وَبَعْدَ رَفْرَفَةٍ قَوِيَّةٍ، وَتَمَدُّدٍ، وَزَعيقٍ... تَكَوَّنَ مَخْلوقٌ آخَرُ أَمامَ شادي وَعُلا.

لَمْ تَعُدِ الآنَ «جَميلَة» مِنَ البَبَّغاوات. فَقَدْ تَحَوَّلَتْ في تِلْكَ اللَّحَظاتِ إِلى امْرَأَةٍ مُتَقَدِّمَةٍ في السِّنّ. تَحَوَّلَتْ إِلى عَجوزٍ جَميلَةٍ، ذاتِ شَعْرٍ طَويلٍ أَبْيَضَ، وَعَيْنَيْنِ ثاقِبَتَيْن.

كانَتْ تَرْتَدي عَباءَةً قَصيرَةً خَضْراءَ، مَليئَةً بِالرِّيش. وَكانَتْ جالِسَةً عَلى كَوْمَةِ الكُتُبِ، هادِئَةً جِدًّا... وَدونَ حِراك.

لَمْ يَسْتَطِعْ أَيٌّ مِنَ الأَخَوَيْنِ أَنْ يَتَكَلَّم. كانا مَشْدوهَيْنِ، مُنْذَهِلَيْن.

قالَتْ لَهما العَجوزُ الجَميلَةُ: «مَرْحَبًا شادي. مَرْحَبًا عُلا. اِسْمي: مُرْجانَةُ لو فايْ!»

10

الكَنْزُ الأَكْبَر

تَمَكَّنَتْ عُلا مِنَ الكَلامِ قَبْلَ أَخيها، فَقالَتْ هامِسَةً: «صاحِبَةُ حَرْفِ الميم!»

فَقالَتْ مُرْجانَةُ: «نَعَمْ، صاحِبَةُ حَرْفِ الميم!»

سَأَلَها شادي: «مِنْ... مِنْ أَيِّ عالَمٍ... أَنْتِ؟»

– هَلْ تَسْمَعُ بِالمَلِكِ آرْثَر؟

هَزَّ شادي رَأْسَهُ إيجابًا. فَقَدْ قَرَأَ قِصَّةً مُشَوِّقَةً عَنِ المَلِكِ آرْثَر وَفُرْسانِ الطَّاوِلَةِ المُسْتَديرَة.

قالَتْ لَهُ مُرْجانَةُ: «أَنا شَقيقَةُ المَلِكِ آرْثَر».

– أَنْتِ، إِذًا، مِنْ مَدينَةِ كاميلوت. لَقَدْ قَرَأْتُ أَنَّ مَعْنى اسْمِ تِلْكَ المَدينَةِ... مَوْطِنُ السَّعادَة».

سَأَلَتْهُ مُرْجانَةُ: «وَماذا قَرَأْتَ عَنِّي، يا شادي؟»

– قَرَأْتُ أَنَّكِ... أَنَّكِ... عَرَّافَةٌ شِرِّيرَةٌ!

اِبْتَسَمَتْ مُرْجانَةُ، وَقالَتْ: «لا تُصَدِّقْ كُلَّ شَيْءٍ تَقْرَأُهُ، يا شادي.»

قالَتْ لَها عُلا: «لٰكِنَّكِ ساحِرَةٌ؟»

– اِسْمَعي، يا عَلُّولا. يَصِفُني مُعْظَمُ النَّاسِ بِأَنَّني جِنِّيَّةٌ، وَهٰذا مَعْنى اسْمِ أُسْرَتي، لو فايْ. لٰكِنَّني أَيْضًا مُديرَةُ مَكْتَبَة.

فَقالَتْ عُلا، بِدَهْشَةٍ: «مُديرَةُ مَكْتَبَةٍ؟»

– نَعَمْ. وَقَدْ جِئْتُ إِلى زَمَنِكُما اليَوْمَ، لِجَمْعِ أَعْدادٍ مِنَ الكُتُبِ. أَنْتُما مَحْظوظانِ جِدًّا، لِأَنَّكُما وُلِدْتُما في زَمَنٍ توجَدُ فيهِ كُتُبٌ كَثيرَةٌ».

فَسَأَلَها شادي: «تَجْمَعينَ الكُتُبَ لِمَكْتَبَةِ كاميلوت؟»

أَجابَتْهُ مُرْجانَةُ، قائِلَةً: «بِالضَّبْطِ! فَأَنا أَتَنَقَّلُ في هٰذا العِرْزالِ كَيْ أَجْمَعَ كَلِماتٍ مِنْ أَماكِنَ عَديدَةٍ في العالَمِ... وَمِنْ أَزْمِنَةٍ وَعُصورٍ مُخْتَلِفَةٍ».

سَأَلَتْها عُلا: «وَهَلْ وَجَدْتِ كُتُبًا هُنا؟»

– بِالتَّأْكيد! وَجَدْتُ العَديدَ مِنَ الكُتُب. وَأُريدُ اسْتِعارَتَها كَيْ يَنْسَخَها نُسَّاخُنا.

قالَ لَها شادي: «هَلْ وَضَعْتِ كُلَّ تِلْكَ العَلاماتِ في الكُتُب؟»

– نَعَمْ. فَأَنا أُحِبُّ الصُّوَرَ في الكُتُب. أَحْيانًا، أُريدُ زِيارَةَ المَواقِعِ الظَّاهِرَةِ في الصُّوَر. لِهذا السَّبَبِ، أَضَعُ عَلاماتٍ تَدُلُّني عَلى الأَماكِنِ الَّتي أَنْوي زِيارَتَها.

سَأَلَتْها عُلا: «وَلكِنْ، كَيْفَ تَصِلينَ إِلى تِلْكَ الأَماكِن؟»

فَقالَتْ مُرْجانَةُ: «أَخْفَيْتُ في العِرْزالِ مُحَرِّكًا سِحْرِيًّا. فَكُلَّما أُشيرُ إِلى صورَةٍ، وَأُعْرِبُ عَنْ أُمْنِيَةٍ، يَأْخُذُني العِرْزالُ إِلى المَكانِ المَطْلوب.»

أَعْطى شادي مُرْجانَةَ الميدالِيَةَ الذَّهَبِيَّةَ، قائِلًا: «أَعْتَقِدُ أَنَّكِ أَوْقَعْتِ هذِهِ الميدالِيَةَ في زَمَنِ الدَّيناصورات».

– أوه، شُكْرًا، شُكْرًا! لَمْ أَتَذَكَّرْ إِطْلاقًا أَيْنَ فَقَدْتُها.

ثُمَّ وَضَعَتِ الميدالِيَةَ في جَيْبٍ مَخْفِيٍّ.

سَأَلَتْها عُلا: «هَلْ يَسْتَطيعُ أَيُّ إِنْسانٍ، إِذًا، أَنْ يُوَجِّهَ العِرْزالَ بِهذِهِ الوَسيلَة؟ أَيُّ إِنْسانٍ يُحاوِلُ ذلِك؟»

– لا، يا عَلُّولَتي، لَيْسَ أَيًّا كان. أَنْتُما الوَحيدانِ، غَيْري، القادِرانِ عَلى تَوْجيهِ العِرْزال. فَما مِنْ أَحَدٍ غَيْرِكُما عَلى الإِطْلاقِ رَأى عِرْزالِيَ مِنْ قَبْل!

– هَلْ هُوَ خَفِيٌّ، غَيْرُ مَرْئِيّ؟

فَقالَتْ مُرْجانَةُ: «نَعَم، يا عَزيزَتي. ما كُنْتُ أَظُنُّ يَوْمًا أَنَّ أَحَدًا سَيَكْتَشِفُهُ... ثُمَّ أَتَيْتُما أَنْتُما. وَلا أَدْري كَيْفَ تَمَكَّنْتُما مِنْ دُخولِ عالَمي السِّحْرِيِّ!»

سَأَلَها شادي، مُتَلَعْثِمًا: «كَ... كَيْـ... كَيْف؟»

فَشَرَحَتْ لَهُ مُرْجانَة، قائِلَةً:

«أَظُنُّ أَنَّكُما نَجَحْتُما في تَشْغيلِ المُحَرِّكِ لِسَبَبَيْن. الأَوَّلُ، أَنَّ عُلا تُحِبُّ لُعَبَ التَّخَيُّلاتِ، فَتَمَكَّنتْ مِنْ رُؤْيَةِ العِرْزالِ فِعْلًا. وَأَدَّتْ تَخَيُّلاتُها إِلى مُساعَدَتِكَ، يا شادي، عَلى رُؤْيَتِهِ أَيْضًا».

فَقالَ شادي، مُنْذَهِلًا: «أَمْرٌ لا يُصَدَّق!»

– ثُمَّ فَتَحْتَ كِتابًا، يا شادي. وَلِأَنَّكَ تُحِبُّ الكُتُبَ كَثيرًا، تَمَكَّنْتَ مِنْ تَشْغيلِ مُحَرِّكي السِّحْرِيِّ.

شَهِقَتْ عُلا، تَعَجُّبًا. «واوْوو!»

وَتَابَعَتْ مُرْجانَةُ شَرْحَها لِلْأَخَوَيْنِ المُنْذَهِلَيْنِ: «لا يُمكِنُكُما تَخَيُّلُ فَزَعي عِنْدَما بَدَأْتُما الانْطِلاقَ إِلى زَمَنِ الدَّيْناصورات. كانَ عَلَيَّ أَنْ أَتَّخِذَ قَرارًا سَريعًا جِدًّا. فَقَرَّرْتُ أَنْ أُرافِقَكُما».

فَقالَتْ عُلا، بِحَماسَةٍ: «أوه! إِذًا كُنْتِ التِّيرانودونَ!»

اِبْتَسَمَتْ مُرْجانَةُ، وَلَمْ تُجِبْ.

– وَكُنْتِ القِطَّ الأَسْوَدَ... وَالفارِسَ... وَالبَبَّغاءَ، جَميلَةَ!!!

أَجابَتْها مُرْجانَةُ، بِهُدوءٍ: «نَعَمْ».

سَأَلَها شادي بِلَهْفَةٍ: «كُنْتِ كُلَّ تِلْكَ المَخْلوقاتِ لِتُساعِدينا؟»

– نَعَمْ، لكِنْ يَجِبُ عَلَيَّ الآنَ أَنْ أَعودَ إِلى بِلادي. فَالنَّاسُ في كاميلوت يَحْتاجونَ إِلى وُجودي بَيْنَهُم.

فَقالَ شادي هامِسًا وَحَزينًا: «سَتَذْهَبينَ، إِذًا؟»

– يُؤْسِفُني أَنْ أَقولَ إِنِّي مُضْطَرَّةٌ إِلى الذَّهاب.

رَفَعَتْ مُرْجانَةُ حَقيبَةَ شادي عَنِ الأَرْضِ، وَأَعْطَتْهُ إِيَّاها. فَالْتَقَطَ الأَخَوانِ مُشَمَّعَيْهِما وَارْتَدَياهُما... مَعَ أَنَّ المَطَرَ تَوَقَّف.

قالَتْ عُلا: «سَتَتَذَكَّرينَنا، يا مُرْجانَةُ، أَلَيْسَ كَذلِك؟»

اِبْتَسَمَتْ مُرْجانَةُ لِلأَخَوَيْنِ، وَقالَتْ: «بِالتَّأْكيد. إِنَّكُما تُذَكِّراني كَثيرًا بِنَفْسي. أَنْتِ، يا عُلا، تُحِبّينَ المُسْتَحيل. وَأَنْتَ يا شادي، تُحِبُّ المَعْرِفَة. فَهَلْ هُناكَ مَزيجٌ أَفْضَلُ مِنْ هذا؟»

مَرَّرَتْ مُرْجانَة لو فايْ يَدَها بِحَنانٍ عَلى جَبْهَةِ عُلا... ثُمَّ عَلى جَبْهَةِ شادي... وَابْتَسَمَتْ:

«وَداعًا، أَيُّها الصَّغيران».

قالَ شادي وَعُلا بِصَوْتٍ واحِدٍ: «وَداعًا، يا مُرْجانَة.»

سَبَقَتْ عُلا أَخاها في مُغادَرَةِ العِرْزالِ، وَلَحِقَ بِها شادي.

نَزَلا عَلى سُلَّمِ الحِبالِ، لِلْمَرَّةِ... الأَخيرَة.

وَقَفا عِنْدَ قاعِدَةِ شَجَرَةِ السِّنْدِيانِ، وَنَظَرا إِلى فَوْق.

كانَتْ مُرْجانَةُ تَنْظُرُ إِلَيْهِما مِنْ نافِذَةِ العِرْزال. وَكانَ الهَواءُ الخَفيفُ يَتَلاعَبُ بِشَعْرِها الطَّويلِ الأَبْيَض.

فَجْأَةً، بَدَأَتِ الرِّيحُ تَهُبّ. وَبَدَأَتْ أَوْراقُ الشَّجَرِ تَهْتَزّ.

وَمَلأَ الجَوَّ صَوْتُ صَفيرٍ حادٍّ.

غَطَّى شادي أُذُنَيْهِ، وَأَغْمَضَ عَيْنَيْهِ بِشِدَّة.

ثُمَّ هَدَأَ كُلُّ شَيْءٍ... هُدوءًا تامًّا. وَخَيَّمَ الصَّمْت.

فَتَحَ شادي عَيْنَيْه.

اِخْتَفى العِرْزالُ مِنْ شَجَرَةِ السِّنْدِيان. اِخْتَفى كُلِّيًّا!

ظَلَّ الأَخَوانِ واقِفَيْنِ، يُحَدِّقانِ إِلى شَجَرَةِ السِّنْديانِ الفارِغَةِ... وَيُصْغِيانِ إِلى الصَّمْت.

بَعْدَ لَحَظاتٍ، تَنَهَّدَتْ عُلا وَقالَتْ: «حانَ وَقْتُ عَوْدَتِنا، يا شَدْشود».

هَزَّ شادي رَأْسَهُ، مُوافِقًا. كانَ حَزينًا جِدًّا، فَلَمْ يَتَكَلَّمْ.

وَفيما بَدَأَ الأَخَوانِ يَمْشِيانِ، وَضَعَ شادي يَدَهُ في جَيْبِه. أَحَسَّ بِوُجودِ شَيْءٍ ما.

سَحَبَ شادي الميدالِيَةَ الذَّهَبِيَّةَ، قائِلًا بِاسْتِغْرابٍ شَديدٍ: «كَيْفَ... كَيْفَ...؟»

اِبْتَسَمَتْ عُلا، وَقالَتْ: «لا شَكَّ في أَنَّ مُرْجانَةَ وَضَعَتْها في جَيْبِك».

– وَلكِنْ، كَيْف؟

فَقالَتْ عُلا: «بِحَرَكَةٍ سِحْرِيَّةٍ بارِعَة. أَعْتَقِدُ أَنَّ مَعْنى ذلِك... أَنَّها سَتَعودُ إِلَيْنا يَوْمًا ما.»

اِبْتَسَمَ شادي بِارْتِياحٍ، وَشَدَّ قَبْضَتَهُ عَلى الميدالِيَة. ثُمَّ انْطَلَقا عَبْرَ الغابَةِ الرَّطِبَةِ، المَغْمورَةِ بِأَشِعَّةِ الشَّمْس.

كانَتْ الغابَةُ مُشَعْشِعَةً بِضَوْءِ الشَّمْسِ... وَكُلُّ الأَوْراقِ الرَّطِبَةِ تَلْمَعُ وَتَتَلَأْلَأ.

كُلُّ شَيْءٍ، في الواقِعِ، كانَ مُتَلَأْلِئًا.

أَوْراقُ الشَّجَرِ، الأَغْصانُ، البِرَكُ الصَّغيرَةُ عَلى الأَرْضِ، الشُّجَيْراتُ، الأَعْشابُ، الزُّهورُ البَرِّيَّة – كُلُّها تَتَلَأْلَأُ مِثْلَ الجَواهِر.

أَوْ تَلْمَعُ مِثْلَ الذَّهَب.

فَكَّرَ شادي في نَفْسِه. كانَتْ أُخْتُهُ عَلى حَقٍّ، عِنْدَما قالَتْ لَهُ: اِنْسَ صُنْدوقَ الكَنْز.

فَفي بَلْدَتِهِما، وَبَيْتِهِما، كُنوزٌ كَثيرَة. كُنوزٌ لا تُحْصى... في كُلِّ مَكان.

إِنَّهُما، فِعْلًا، مَحْظوظان.